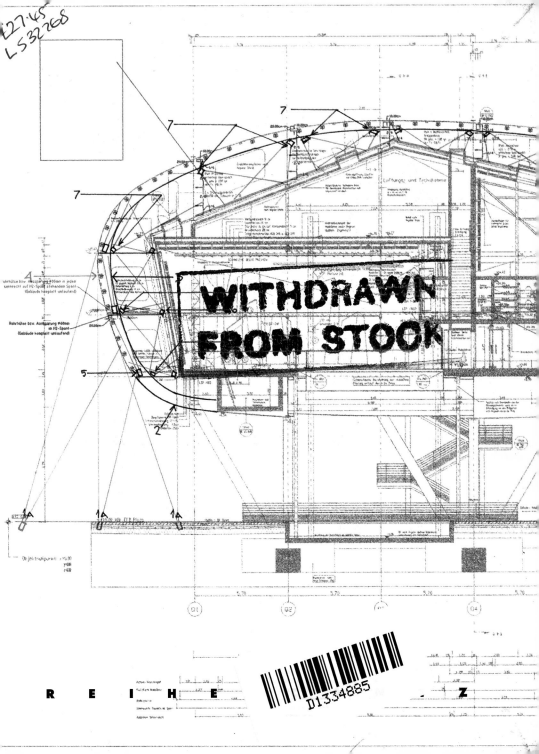

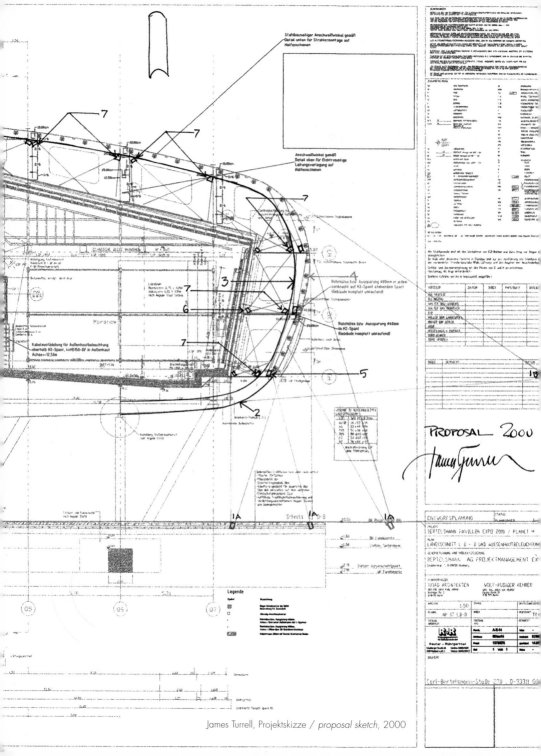

James Turrell, Projektskizze / *proposal sketch*, 2000

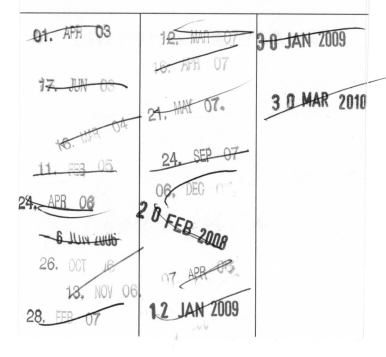

# INHALT / *CONTENTS*

## VORWORT

Die Begegnung mit James Turrell bleibt unvergesslich. Wer ihn bei der Arbeit erlebt, den beeindruckt seine künstlerische Intensität, sein unbedingter Wille, das Optimale zu erreichen. Wir bei Bertelsmann freuen uns darüber, diese außergewöhnliche Persönlichkeit für eine Zusammenarbeit gewonnen zu haben, die für ihn wie für uns ein großartiges Experiment darstellte. Turrell ist weltberühmter Künstler, Forscher und exakter Mathematiker zugleich. Die Chance, einen »Planeten« zu inszenieren, faszinierte ihn. Und diese Faszination überträgt sich auf den Betrachter.

Turrells Lichtprojektionen verwandeln Planet m Abend für Abend während der Expo in einen scheinbar schwebenden Lichtkörper. Der Planet wird zum poetischen Kunstwerk, das die Lebendigkeit und Strahlkraft der Medien auf einmalige Art und Weise symbolisiert. Inhalt und Form, innen und außen fügen sich zu einer dramaturgischen Einheit zusammen. Dies ist genau die Wirkung, die wir uns erhofften.

Wir verstehen Planet m als eine gebaute Idee, als eine Liebeserklärung an die Medien. Was unsere Besucher in seinem Inneren erwartet, ist eine intensive und informative Begegnung mit der Medienwelt von Bertelsmann.

James Turrell hat einen einzigartigen Beitrag dazu geleistet, die Faszination dieser Welt weithin sichtbar und begreifbar zu machen. Dafür danken wir ihm.

Bernd Bauer
Expo-Beauftragter des Bertelsmann-Vorstandes
September 2000

# SEIN UND LICHT

ANDREA JONAS-EDEL

Wer auf der Weltausstellung 2000 in Hannover die architektonische Vielfalt der Pavillons gesehen hat, dem ist Planet m sicherlich als einer der rätselhaftesten Baukörper in Erinnerung. Seine gedrungene, dem Erdball nachempfundene, biomorphe Kugelform wirft Fragen auf. Was ist das für ein Körper? Was birgt er in seinem Inneren und welche Funktion hat er? Es gibt keine Anhaltspunkte wie Fenster oder Stockwerke, nicht einmal einen ebenerdigen Eingang. Die Besucher werden mit einem riesigen Fahrstuhl von unten zu dem hochgestelzten Bau geschleust, und wenn der Lift nach oben gefahren ist, führt kein anderer Weg mehr ins Innere. Lediglich eine röhrenförmige Brücke verbindet den Körper mit seinem Nachbargebäude, einem fast fensterlosen, mit Holz verkleideten Quader mit der Aufschrift »Bertelsmann«. Die gleichsam über eine Nabelschnur oder einen Nervenstrang aneinander gekoppelten, komplementären Gestalten können als gebaute Metapher für den Dualismus von Körper und Geist verstanden werden. Erscheint der geometrische Holzblock materiell, so nimmt sich dagegen der diffus glänzende Ellipsoid leicht, gar schwerelos aus. Materie und Geist, der Körper und das Denken bedingen und speisen sich gegenseitig. Verkörpert das Material Holz die Grundsubstanz der Papierherstellung und damit des Buches und anderer Printmedien, auf das sich der Erfolg des Verlagsunternehmens gründet, so repräsentiert der metallische Planetoid die global vernetzten elektronischen Medien.

Mit dieser utopischen Architektur setzt das Medienunternehmen Bertelsmann AG aus Gütersloh unter der Headline »Planet m – medien für menschen« ein Zeichen für seinen Identitätswandel im Medienzeitalter. Kein anderes Bild könnte die Vielfältigkeit der Medien treffender darstellen als die ambivalente Gestalt des Planet m. Seine unregelmäßige Form ist mit den Begriffen der Geometrie nicht zu beschreiben, die seit Euklid (um 400 v. Chr.) die abendländische Tradition der Architektur bestimmen. Sein Name unterstreicht die Singularität seines Daseins als neuer, noch unerschlossener Lebensraum, dessen Erscheinung zwischen Materialität und Immaterialität oszilliert. Eine gewebte Metalloberfläche verhüllt ihn, die wie ein allseitig gewölbter Spiegel Licht radial reflektiert, gleichzeitig aber transparent ist und Einblick in den Zwischenraum hinter seiner Außenhaut gewährt. Sein zweischnittig gekrümmter Körper kapselt sich formal von der Atmosphäre ab, doch sein Oberflächengewebe ist luft- und lichtdurchlässig. Sein Inneres geht sukzessive in die ihn umgebende Atmosphäre über. Er verändert sich nicht, doch seine Erscheinung ist wandelbar. Planet m ist ein Symbol für die moderne Bertelsmann AG und darüber hinaus ein zeitloses Bauwerk von herausragender architektonischer Qualität. Er wechselt zwischen zwei Zuständen – tags als Lichtspieltheater und nachts als Lichtkunstwerk. Bei Einbruch der Dunkelheit setzt mit James Turrells Licht die Metamorphose des Planetoiden ein.

Es lag nahe, mit der Gestaltung seiner Illumination einen Künstler zu beauftragen, der sich in fundierten Grundlagenforschungen mit dem Phänomen Licht und seiner Wahrnehmung auseinandergesetzt hat, so viel über das Licht weiß und so selbstverständlich mit dem physikalisch Immateriellen, dem Material Licht, umgeht wie kein anderer. Turrell entwickelte eine malerische, rotativ symmetrische Lichtgestaltung, gemischt aus Licht von drei Beleuchtungsschichten: einer sternförmigen Außenbeleuchtung und zwei inneren Lichtebenen. Sie ist nach einem festen Programm in zwei Phasen gegliedert, einem subtilen Farbverlauf und einer dynamischen Lichtperformance, die beide in all ihren Passagen unvorhersehbar sind. Nach ca. 30 Minuten, die man benötigt, um sich in den Prozess zu vertiefen, wird die computergesteuerte Darbietung wiederholt, wobei Ende und Anfang nahtlos ineinander übergehen, bis der Tag anbricht.

Wesentlich für Turrells architekturbezogene Lichtinstallationen ist die Wechselwirkung zwischen dem Licht, das der Künstler der Architektur hinzufügt, und dem vorhandenen Tages- und Nachtlicht des Himmels. 1984 entstand »Wolf« im Rahmen des »Capp Street Projects« in San Francisco. Hier setzte Turrell fluoreszierendes blaues Licht, das mit konstanter Helligkeit vom Gebäudeinneren durch Fenster nach außen drang, in Bezug zum permanent sich ändernden Himmelslicht und zur nächtlichen, vom Künstler grün gefärbten Straßenbeleuchtung. Das gleiche Licht konnte zu verschiedenen Zeiten je anders wahrgenommen werden. Für Turrell ist Licht das Material, dessen er sich bedient, wie ein Zeichner z.B. mit Kreide arbeitet. Sein Medium ist die Wahrnehmung des Lichts. Was für einen Maler die Leinwand ist, der Bildträger, ist für Turrell die Netzhaut des Betrachters.

Seit Mitte der 1990er Jahre legte James Turrell auf architekturbezogene Lichtkunstprojekte einen Schwerpunkt seiner Arbeit. Mit seinen Illuminationen der Hauptverwaltung der Verbundnetz Gas AG in Leipzig und des Kunsthauses Bregenz veränderte er 1997 die nächtliche Erscheinung der beiden geometrischen Baukörper mit farbigen Lichtverläufen. Die Folge der Lichtfarben, die das verglaste Volumen des Leipziger Gebäudes in einer permanenten Installation erleuchten, wird per Computer in Analogie zu den klimatischen Bedingungen und äußeren Lichtverhältnissen variiert. »Gaslight« reagiert, programmatisch für die Arbeit des dort ansässigen Unternehmens, auf die Entwicklung der Umwelt. Das Bregenzer Haus von Peter Zumthor, ein Kubus mit einheitlicher Glasfassade, beleuchtete Turrell temporär mit Verläufen und Wechseln farbigen Lichts, die wie bei Planet m alle Seiten des Baus gleichmäßig erfassten. Das Licht der im Zwischenraum hinter der Fassade und dem inneren Baukörper montierten Scheinwerfer wurde durch die transluziden Glasscheiben gleichmäßig nach außen gestreut, so dass die Oberfläche des Kubus als Ganzes leuchtete. Anlässlich der Eröffnung setzte der Künstler mit »Performing Lightworks« ein Zeichen für die Größe und Kompromisslosigkeit dieses ambitionierten Museumsprojekts. Für Japan entwarf Turrell ein »House of Light«, das 2000 nach seinen Plänen in Kawanishi ausgeführt wurde. Das Haus, ein Ort der Kontemplation, gibt über eine Öffnung im Dach den Blick zum Himmel frei (»Outside In«). Unten befindet sich ein Pool mit grün beleuchtetem Wasser, in dessen Licht man durch einen gläsernen Boden hineinschauen kann (»Light Bath«). Von goldenen Wänden reflektiert, erfüllen die sich mischenden Lichtmengen das Innere des Lichttempels, und bei schwarzem Nachthimmel moduliert der Schatten den Raum.

Mit farbigem Licht bestrahlt, das von der Metalloberfläche weitergespiegelt wird, beginnt Planet m in der Abenddämmerung silbrig zu glänzen. Die unbegrenzten Übergänge von farbigem Licht zu Schatten modulieren die Form des Ovums und bringen seine plastische Wirkung zur Geltung. Als farbige Linien erscheinen die beleuchteten, neben- und hintereinander verlaufenden Maschen des Flechtwerks und als schwarze Linien die Abstände zwischen den Maschen. Gemeinsam bilden sie ein filigranes, kostbar wirkendes Lineament. Alle Glanzflächen haben jeweils den gleichen Farbton, der additiv aus vielfarbigem Licht gemischt wird. Weißes, türkis und violett gefärbtes Licht schließt sich in der Wahrnehmung zu silbrig-bläulichen Glanzwolken zusammen. Zu

einem anderen Zeitpunkt gehen rötlich, gelb und weiß getönte Komponenten nahtlos ineinander über, wobei die gelben Farblichtanteile aus dem Innern des Körpers an seine Oberfläche dringen. Sie werden verteilt durch die von Turrell hinzugefügte zweite, innere Metallmembran.

Sanft fügt sich Turrells Licht in die Nacht ein. Im delikat kolorierten Glanzlichtkranz schimmert die untere Hemisphäre des Planetoiden, während sein oberer Pol phasenweise unbeleuchtet, phasenweise in verhalten aus dem Innern hervorglühendem Violett in die Dunkelheit der Nacht übergeht. Ähnlich den *Skyspaces*, Raum-Installationen mit gerahmten Öffnungen zum Himmel, in denen gegenläufig zum Übergang vom Tageslicht zur Nacht allmählich elektrisches Licht aufgedimmt wird, intensiviert sich die Farb- und Glanzwirkung im gleichen Maß, wie die Dunkelheit zunimmt, bis Planet m schließlich heller leuchtet als die Sterne.

Sein Hauptwerk »Roden Crater« widmet Turrell einzig der Wahrnehmung des Himmelslichts. Für das entstehende Gesamtkunstwerk wählte er einen erloschenen Vulkan in Arizona, ein gigantisches Auge zum Universum. Durch astronomisch berechnete Öffnungen zum Himmel am Kraterrand dringt das Licht einzelner Sterne ins Innere des Bergs, wo es in Hohlräumen, Gefäßen für Sternenlicht, aufgefangen wird. Auf diese Weise isoliert erscheint hier z.B. das Licht der Venus so hell, dass man sogar seinen eigenen Schatten darin sehen kann. Würde jedoch nur ein einziges Streichholz in der Höhe angezündet, wäre es unsichtbar und die Augen müssten sich von neuem an die Dunkelheit adaptieren, um das Sternenlicht wieder sehen zu können. Auch seine Installationen in Gebäuden, z.B. die *Space Division Constructions*, sind vollständig abgedunkelte Räume, in denen sich die Wahrnehmung des Betrachters ungehindert und ausschließlich auf das minimierte, den Sternen ähnliche, farbige Licht, das Turrell hineingibt, konzentrieren und es in seiner den Raum erfüllenden, substanziellen Präsenz mit dem Sehen ertasten kann. In den *Ganzfeld Pieces*, lichtdurchfluteten Räumen, in die man aufrecht oder liegend eintritt, wird der Mensch als Ganzes des Lichts teilhaftig, liefert sich der Betrachter seiner eigenen Wahrnehmung aus und wird Eins mit der ihn umgebenden, von Gravitation und Zeit freien Präsenz des Lichts.

Mit Planet m wählte James Turrell erstmals einen runden Baukörper als Gegenstand seiner architekturbezogenen Kunst. Die einheitliche, allseitig in sich ändernden Bogengraden gerundete Oberfläche des Baukörpers bietet die Voraussetzung für ein entgrenztes, panoramatisches Sehen. Dem räumlichen Kontinuum der Fläche fügte Turrell ein zeitliches hinzu. Eine ähnliche Verbindung zeitlicher und räumlicher Kontinuität stellt er mit seiner Illumination der Pont du Gard her, dem monumentalen römischen Aquaedukt bei Nimes in Südfrankreich. Die Jahrtausende überdauernde steinerne Wasserbrücke hüllt Turrell in Verläufe farbigen Lichts und aktualisiert so ihre Präsenz als Zeitbrücke und Energieleitung. Auch der farbige Glanz des Planetoiden verändert sich fortwährend. In einem langsamen Kontinuum wird von Blau über Grün, Gelb, Orange, Rot und Violett das gesamte sichtbare Spektrum der Farben ausgebreitet wie ein in die Zeit projizierter Regenbogen. Alle Bestandteile des farbigen Glanzlichts sind in einem stetigen Wandel begriffen und werden in langsamen Übergängen von anderen, gleichermaßen reichhaltigen Farbmischungen abgelöst.

So langsam verläuft die Metamorphose der Farben, dass sie sich der gegenwärtigen Beobachtung entzieht. Man kann nicht erkennen, dass die Farben sich verändern, sondern nur, dass sie sich verändert haben. Erst im Nachhinein wird man gewahr, dass das Licht auf seinem Weg durch das Spektrum ein Intervall zurückgelegt und nunmehr einen anderen Zustand erreicht hat, z. B. Grün nach Blau. Auch in seinen Innenraum-Installationen arbeitet Turrell bisweilen mit sich veränderndem Licht: Im »Floater« z. B., 1999 geschaffen für das Zumtobel Staff Lichtzentrum in Zürich, gehen Rot und Blau stetig ineinander über. Turrells Glanzlichtkontinuum des Planetoiden entzieht sich jedoch dem Willen, die Farben zu bestimmen, ihrer mit zugeordneten Begriffen habhaft zu werden. Wenn punktuell Farbtöne gestreift werden, die eindeutig benennbar zu sein scheinen, so bewegt sich das Licht in wesentlichen Phasen seiner Zeit in Übergängen, Grenzwerten und Zwischentönen. Alle Farben sind gleichberechtigt. Eine »Zerstückelung des Regenbogens« (Lévi-Strauss) in Einzelfarben würde die subjektive oder willkürliche Setzung von Einschnitten bedeuten. Was für den einen Betrachter schon Grün ist, ist für einen anderen vielleicht noch Blau und liegt in Wirklichkeit irgendwo dazwischen. Das Zeit- und Farbempfinden des Betrachters wird relativiert und gedehnt. Die Gegenwart des Sehens verbindet sich mit Erinnerungen an zuvor

Gesehenes, mit Vorausahnungen der kommenden Farbe und dem Wunsch, sich ihr hinzugeben. Analog dazu erschließt sich das Farb-Licht-Kontinuum in »The Inner Way«, der Installation in einer unterirdischen Passage der Hauptverwaltung der Münchener Rückversicherungsgesellschaft. Beim Durchschreiten passiert der Besucher rote, blaue und gelbe Lichtzonen. Schmale Leuchtrahmen aus farbigen Lichtleitfasern gliedern die Passage in einzelne Räume, die in unterschiedliche Sphären zu führen scheinen. Innerhalb des Ganges trifft man auf zwei Rotunden; eine davon ist mit einer (verglasten) Öffnung zum Himmel versehen.

Parallel zum Glanzlichtkontinuum des Planetoiden taucht Turrell die metallenen Stützen unter dem Baukörper in ultramarinblaues Licht, das sich während des gesamten Verlaufs der Lichtdarbietung kontrapunktisch in einem extrem langsamen Prozess zu Violett verändert. Im dunklen Glanz erscheint die Stützkonstruktion zart und leicht, so dass der Rundkörper schwerelos wie ein vertäuter Ballon über ihr zu schweben scheint. Die Nacht von der Abenddämmerung bis zum Morgengrauen bildet den Rahmen für Turrells Lichtverlauf, der im Takt des unteren Blau-Violett repetiert wird.

Schlagartig setzt die unvermittelte Gesamtbeleuchtung des Planet m, ein kurzzeitig über den Ball wanderndes rotes Aufleuchten, den Schlusspunkt des bis dahin verhalten glänzenden Lichtkontinuums. Alle Lichtquellen werden vollständig zurückgedimmt, bevor allmählich sich einstellender silbriger Glanz in weißem Licht den Beginn einer neuen Phase markiert. Sie dauert wesentlich kürzer als das Glanzlichtkontinuum und bildet einen Gegensatz zu der bislang ruhevollen, durch Langsamkeit geprägten Fluktuation. Abrupte Farbwechsel, die Beschleunigung des Tempos, die Dominanz des Lichts aus dem Innern des Planetoiden und die Erhöhung der Leuchtdichte kennzeichnen die dramatisch andere zweite Phase. In rascher Folge werden über den gesamten Rundkörper horizontale Reihen von Scheinwerfern mit wechselnden Farben ein- und ausgeschaltet, deren Licht das Erscheinungsbild des Planet m radikal verändert. Während die Beleuchtung von außen die Plastizität und Oberflächenstruktur des Baukörpers hervorhebt, bringt das innere Licht sein Volumen zur Geltung. Die innere Membran streut das auf sie projizierte Licht und reflektiert es durch die Zwischenräume des Metallgeflechts nach außen. Das Lineament des Flechtwerks wird nahezu unsichtbar,

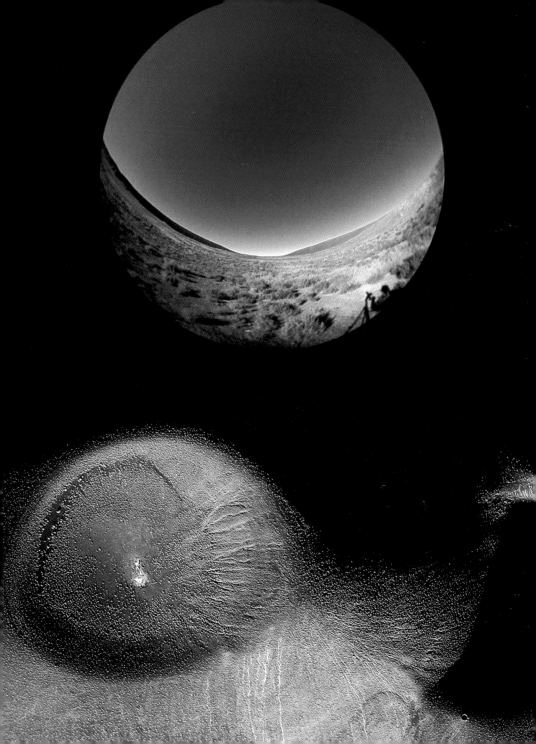

stattdessen tritt nun die Spanten-Konstruktion im Innern des Baukörpers beleuchtet hervor. Erschien Planet m zuvor als metallisch glänzende Kapsel, so erscheint er nun als transparenter, lichtgefüllter Ball, als ein Licht-Container mit getrennten Fächern, in denen Lichtfarben zwischengelagert werden. Es entsteht der Eindruck, als würden gewaltige Lichtmassen hin und hergewuchtet, von einem Segment ins nächste rangiert, als wäre das Licht ein massives Transportgut. Eigentümlich lautlos vollzieht sich das Manöver. In der Abwesenheit von Geräuschen offenbart sich die Immaterialität des Lichts. Konträr zu seiner vorher sphärischen Erscheinung in einer Gloriole aus Glanzlicht wird der Lichtkörper nun in Bestandteile zerlegt und damit entauratisiert.

Es gibt während des Ablaufs der Lichtpartitur keine wiederkehrenden Rhythmen, keine Taktfolge und keine Repetition. Der Ball wird in wechselnden Zeitabständen mit unvorhersehbaren Farblichtwechseln von oben bis unten virtuos bespielt. War die Wahrnehmung des Glanzlichtkontinuums mit der Verlangsamung des Zeitempfindens verbunden, so wird der Betrachter nun überholt vom Tempo der Licht-Performance, das sich – in Analogie zur Informationsflut im Medienzeitalter – immer weiter akzeleriert. Die Verdichtung von Lichtereignissen gipfelt in einem einmaligen, punktuellen Aufblitzen des gesamten Planetoiden in extrem hellem, weißem Licht, das die Redundanz herkömmlicher Effektbeleuchtungen eindrucksvoll konterkariert. Schneller als man sich diese Sensation vergegenwärtigen kann, wird sie von anderen Bildern bereits überholt. Nur in der Erinnerung des Betrachters bleibt sie präsent und nur medial kann sie später anderen mitgeteilt werden. Die Transformation der Realität zum Faktum ist mit dem Verlust ihrer Gegenwart und Unmittelbarkeit verbunden.

Das Ende der Beschleunigungsphase kündigt sich an mit intensiv orangerotem Licht, in dem der glühende Planetoid sich auszudehnen scheint wie eine Supernova. Die Wahrnehmung seiner Größe verändert sich mit der wechselnden Beleuchtung seiner äußeren und inneren Metallhäute, die den Baukörper um das Maß ihres Zwischenraums kleiner oder größer erscheinen lässt und nun beide Außenhautschichten in einheitlichem Licht zum Bild einer grenzenlosen Wolkenform miteinander zu verschmelzen scheint. Die Implosion, die Reduktion des Planetoiden auf sein Innerstes, wird in Form einer gewaltigen Lichtpirouette vorgeführt. Von rechts nach links wird ein vertikales Segment des Planetoiden nach dem anderen mit grünem Licht gefüllt, das aus dem Zentrum seines Inneren zu kommen scheint. Planet m erscheint völlig transparent, leer und immateriell, wie ein mit Licht gefüllter Ball aus Nichts. Für wenige Sekunden der Nacht wird das tägliche Bild des glänzenden Metallkörpers traumatisch verkehrt zu dem eines leuchtenden Hohlraums.

Turrell verändert die Wahrnehmung des Planet m in all seinen Eigenschaften von völliger Geschlossenheit des metallischen Glanzkörpers zu völliger Transparenz und Immaterialität, wie es die visionären Architekten der »Gläsernen Kette«, Bruno Taut und sein Kreis, in ihren geheimen Briefen 1919 für denkbar, aber unrealisierbar gehalten hatten. In der Wahrnehmung werden Tatsachen außer Kraft gesetzt. Turrells Licht hat ein eigenes Sein. Es fügt Planet m in den Nachthimmel ein und damit in den Kontext des kosmischen Lichts. Gleichzeitig dringt es in den Betrachter ein und gestaltet damit das Sehen selbst. Wer Planet m in Turrells Licht gesehen hat, wird ihn bei Tag anders betrachten. Die Erinnerung an das, was wir gesehen haben, verändert die Perspektive, aus der wir dem entgegensehen, was auf uns zukommt. Jede Erscheinung des Planet m ist ebenso real wie seine Existenz.

Die Kunst James Turrells hat viele Eigenschaften, die auch Medien eignen. Sie beleuchtet Hintergründe, erzeugt einen übergeordneten Kontext, deckt innere Zusammenhänge auf, verändert die Sichtweise und damit die Realität des Betrachters. Turrells Lichtkunstwerk auf der Expo überhöht Planet m zum medialen Gesamtkunstwerk, zu einem Zeichen für Medialität schlechthin. Der Künstler transponiert den Planetoiden in eine andere Wahrnehmungsebene individueller Unmittelbarkeit, in deren Zentrum der einzelne Mensch steht. Das eigene Sein, das Selbst, bestimmt die Wahrnehmung, und die Wahrnehmung bestimmt, wie das Bild der Welt erscheint. Je weiter der eigene Horizont ist, je vielschichtiger und differenzierter die Wahrnehmung der Welt, desto wahrer wird das Bild, das wir von ihr erhalten.

Literaturhinweise siehe S. 50

S. 20/21: James Turrell, Lichtinstallation an der Pont du Gard, 2000
p. 20/21: James Turrell, light installation at the Pont du Gard, 2000

**19**

# NACHTLEBEN FÜR EINEN PLANETEN

JAMES TURRELL IM GESPRÄCH MIT JAN LINDERS, HANNOVER, MAI 2000

*James Turrell, wollten Sie jemals einen ganzen Planeten beleuchten?*

**Turrell:** In diesem Jahr habe ich schon an anderen ungewöhnlichen Objekten gearbeitet – einem 389 000 Jahre alten erloschenen Vulkan in Arizona und einer 2000 Jahre
alten Römerbrücke in Südfrankreich. Als ich das Angebot von Bertelsmann bekam, Planet m zu leuchten, hat mich die Idee gleich fasziniert. Auch mit Hannover habe ich bis-
her schon gute Erfahrungen gemacht. Im Sprengel Museum sind vier meiner Arbeiten
permanent ausgestellt. Für Planet m war wenig Zeit übrig, aber wenn die Gelegenheit
an die Tür klopft, sollte man ihr wenigstens öffnen.

*Welche besondere Gelegenheit war Planet m für Sie?*

**Turrell:** Der Planet hat eine sehr kühne Architektur, und seine glänzende Oberfläche
läßt ihn schon über Tag immer wieder anders aussehen. Meine Aufgabe war es, seine
Tages-Erscheinung in die Nacht zu verlängern, dem Planeten ein Nachtleben zu geben.

*Sie sind zum Projekt gekommen, als die Architektur schon fast fertig war...*

**Turrell:** Ja, aber Karl Karau und die übrigen beteiligten Architekten haben sich von
vornherein ein strahlendes Gebäude vorgestellt, eine Konstruktion mit wechselnden
Oberflächen. Sie haben mir die Bühne bereitet, auf der ich inszenieren konnte, und
das Licht war mein Schauspieler.

*Hatten Sie denn eine Art Theaterstück als Vorlage?*

**Turrell:** Die meisten meiner Arbeiten sind sehr exakte Konstruktionen mit einem gut
ausgearbeiteten Konzept. Aber wenn ich ein schon bestehendes Gebäude beleuchte,
ist das ein empirisches Kunstprojekt. Weil es um eine Außenbeleuchtung geht, kann
man nicht alle Umstände kontrollieren und deswegen nicht so sehr im Voraus planen.
Für den Planet m wollte ich die Vision einer Oberfläche schaffen, die nicht da war, eine
Dinglichkeit des Lichts. Ich habe schnell gemerkt, dass ich eine Oberfläche brauchte,
die das Licht verteilte, um selbst zu verschwinden und das Licht zum Objekt der Wahrnehmung werden zu lassen. Darum haben wir eine Schicht aus feinem Drahtgeflecht

Planet m, Wilfried Kresiment und James Turrell während der Programmierung /
*Planet m, Wilfried Kresiment and James Turrell during programming*

**23**

eingefügt zwischen der inneren Schale, die aus Stahlplatten besteht, und der äußeren Schale, einem Gewebe aus Stahlbändern. So konnte ich den Planeten von innen und außen beleuchten, aber die Quellen sind nicht offensichtlich.

*Welche Art von Leuchten verwenden Sie?*

**Turrell:** Wir haben an die 1000 Leuchten installiert, einfache Fluter hinter dem Drahtgeflecht, Theaterscheinwerfer mit Farbwechslern zwischen den beiden äußeren Schalen und ähnliche Scheinwerfer auf Pfosten um den Planeten herum und darunter. Der Planet ist komplexer, als er aussieht; er hat nur eine Symmetrieachse. Er hat auf jeder Ebene 22 Buchten, und jede Bucht hat ein anderes Beleuchtungsproblem, aber ich wollte den Planeten als ein strahlendes Ganzes erscheinen lassen. Und es gibt Licht aus der Umgebung, das ich in meine Überlegungen miteinbeziehen musste – vom Bertelsmann Building selbst, von den Pavillons in der Nähe und von den Lichtstelen auf der Brücke vor dem Planeten. Ich mag stark gedämpftes Licht und Blautöne, aber Blau strahlt nur 2 bis 4% des vollen Spektrums ab, Weiß dagegen 100%. Mit der Hilfe meiner Mitarbeiter und Assistenten konnte ich die Probleme aber lösen. Wir haben verschiedene Blautöne unterhalb und an der Spitze des Planeten eingesetzt; über den restlichen Körper verteilt sich das gesamte Spektrum. Der schönste Teil der Arbeit war, auf dem Instrument zu spielen, nachdem es einmal aufgebaut war.

*Das klingt so, als gäbe es hinter den Kulissen viel Technik.*

**Turrell:** Nein, High Tech würde ich das nicht nennen. Wir benutzen handelsübliche Fluter und ein paar Theaterscheinwerfer, ein einfaches Steuerpult und Luxmate Steuertechnik. Ich reize Technik in meiner Arbeit nicht aus; es geht um Erfahrung. Ich benutze gern die besten Geräte, die es auf dem Markt gibt, aber ich kann auch mit einfachen Filtern und Klebeband arbeiten. Ich bin übrigens nicht gegen Technik, wir Menschen haben sie schließlich erfunden.

*Da sind Sie auf einer Linie mit dem Expo-Motto »Mensch, Natur, Technik«. In letzter Zeit haben Sie vermehrt mit Architektur und Licht gearbeitet. Gibt es für Sie Unterschiede zu Ihren Arbeiten in Räumen, in denen Sie alle Umstände kontrollieren können?*

**Turrell:** Die Architekturprojekte sind eine Herausforderung für mich, weil sie mir erlauben, mein Kunstspektrum zu erweitern. Ich realisiere sie meist in Zusammenarbeit mit den jeweiligen Architekten, aber die Grundlage bleibt dieselbe: Licht ist das Material, mit dem ich meine Kunst schaffe. Im Gegensatz zu anderen Materialien hat Licht kein Objekt, kein Bild, keinen Fokus. Man kann Licht nicht wie Ton formen oder wie Holz schnitzen. Aber ich bin an der Dinglichkeit des Lichts interessiert, an der Materialität, die wir normalerweise nicht wahrnehmen. Licht ist nicht ephemer, es ist gegenständlich. Meine Arbeiten drehen sich immer um die Beziehung, die wir zum Licht haben. Wir können das Licht mit unserem Körper fühlen, und wenn wir unsere Augen öffnen, dann können wir Licht und Raum ertasten, als würden wir sie berühren.

*Die meisten Menschen glauben das Gegenteil: Es ist das Licht, das uns berührt...*
**Turrell:** Wir konstruieren uns unsere Realität, das müssen wir, aber wir bekommen nur das, was wir suchen. Keine Wahrnehmung ist objektiv; wir sehen immer mit einem Vorurteil, und unsere Kultur hat einige Vorurteile im Hinblick auf das Licht. Wir nennen Rot eine warme Farbe, aber Rot ist kälter als Blau. Heißer Stahl ist blau-weiß, und wenn er abkühlt, wird er rot. Die zwei Farben, die wir am schlechtesten unterscheiden können, sind Rot und Grün – und ausgerechnet damit haben wir unsere Ampeln bestückt. Wir sollten den Farbkreis nicht mehr unterrichten. Die Euklidische Geometrie funktioniert auf dem Papier, aber zum Mond kommt man damit nicht.

*Zurück zum Planeten: Überträgt seine Beleuchtung eine Botschaft?*
**Turrell:** In der Kunst geht es nicht so sehr um Antworten, sondern darum, Fragen zu stellen, und um das Vergnügen daran. In unseren Träumen, wenn wir die Augen geschlossen haben, ist das Licht oft stärker als mit offenen Augen. Woher kommt dieses Licht? Ich möchte Menschen zum Sehen verführen, damit sie entdecken, was in ihnen ist. Darum schaffe ich Situationen, in denen wir unser Sehen sehen können. Aber wir müssen uns dafür Zeit nehmen. Wir warten nicht gern, daher möchte ich Menschen Geduld beibringen. Als ich ein Kind war, hat mich meine Großmutter sonntags zu den Versammlungen der Quaker mitgenommen. Einmal habe ich sie gefragt, was ich dort tun sollte, und sie antwortete: »Schau auf das innere Licht!«

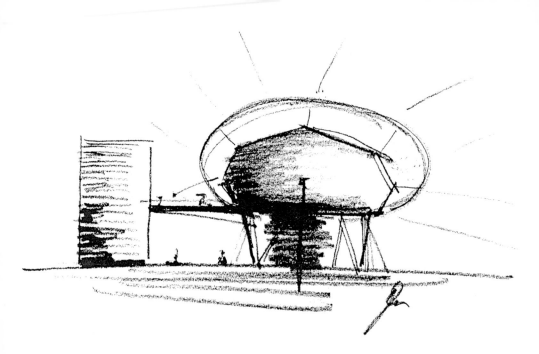

## IM LICHT DER MEDIEN

KLAUS REESE, PROJEKTLEITER BAU, UND KARL KARAU, ARCHITEKT

IM GESPRÄCH MIT JAN LINDERS, POTSDAM, AUGUST 2000

*Wie ist Bertelsmann als glühender Planet auf der Expo gelandet?*

**Reese:** Wir sind ein Medienunternehmen, darum haben wir als Hauptzweck unseres Auftritts immer die Präsentation und Vermittlung von Inhalten definiert. Und weil diese Präsentation multimedial ablaufen sollte, kam von vornherein nur ein geschlossenes Bauwerk ohne Fenster in Frage. Allerdings sollte sich der Inhalt an der Oberfläche symbolisch spiegeln, und die Architektur sollte ein »landmark« mit magnetischer Wirkung sein.

**Karau:** Wir haben das Gebäude von Anfang an als Spielfläche für Licht gedacht – für das wechselnde Tageslicht und für eine nächtliche Licht-Inszenierung. Schon in der Form des Planeten haben wir versucht, Konturen aufzulösen. Der Planet hat keine definierbare Oberfläche, sondern erscheint in einem kontinuierlichen Wechsel von Transparenzen. Er ist sprechende Architektur, allerdings kein eindeutiges Zeichen, sondern geheimnisvolles Symbol.

*Der Planet m spielt mit Immaterialität; der Betrachter kann die Konstruktion nicht genau erkennen. Wie ist das Bauwerk konstruiert?*

**Karau:** Der Planet hat einen festen Kern aus Stahl, der von einer Konstruktion aus Stahlspanten umgeben wird. Wir haben es hier nicht mit einem klassischen Hochbau zu tun. So gibt es zum Beispiel keine Normprofile des Stahlbaus, sondern ausschließlich aus stählernen Platten und Bändern zusammengefügte Sonderkonstruktionen. Da die Spanten des Planeten sich nicht innerhalb, sondern außerhalb des Rumpfes befinden, könnte man auch von einem umgekehrten Schiffsbau sprechen. Wir haben über 1000 Tonnen Stahl verbaut, aber die Mannlöcher in den Spanten nehmen der Konstruktion das Gewicht, ohne ihren technoiden Charakter zu verleugnen. Umhüllt wird das Ganze von einem transparenten Stahlgeflecht, das tagsüber silbrig schimmert, am Abend verschwindet und die innere Fassade sichtbar werden lässt.

*Kann man die Form des Planet m geometrisch fassen?*

**Karau:** Eigentlich nicht. Wir haben bewußt keinen perfekten Rotationskörper ge-wählt, um die Assoziation eines Raumschiffs zu vermeiden. Deshalb ist der Planet weder Kugel noch Ellipsoid. Die Idee unserer Architektur ist das Nicht-Greifbare, so, wie die Medien selbst nicht fassbar sind.

**Reese:** Als Kontrast steht daneben das Bertelsmann Building, ein holzverkleideter Riegel, streng geometrisch konstruiert. Darin wird das allgemeine Thema aus den Shows im Planeten, der Pre-Show über die Geschichte der Medien und der Main Show »Sternenfänger«, am Beispiel von Bertelsmann konkretisiert: in der Media Gallery, der Galaxy und der Web World.

**Karau:** Die beiden Bauteile sind durch eine überdachte Brücke verbunden; dadurch lässt sich der Riegel als Andock-Station interpretieren, die den Planeten quasi erdet. Zugleich endet mit dem Riegel laut Expo-Masterplan eine Reihe von Blöcken, die der Planet als Kopfbau an exponiertem Ort krönt und akzentuiert.

**Reese:** Genau diesen Akzent hat Bertelsmann gesucht, als es sich entschieden hat, nicht im Themenpark, sondern mit einem eigenen Pavillon auf der Expo aufzutreten. Nun liegt der Planet direkt an der Expo-Plaza und am Übergang zwischen den beiden Teilen der Expo, und die Architektur wird dieser exponierten Lage gerecht.

*James Turrell arbeitet seit einigen Jahren an der Lichtinszenierung von Gebäuden, von historischen wie von neu erbauten, und er hat die Erfahrung gemacht, dass viele Archi-tekten glauben, man könne ihren Bau ruhig auch im Nachhinein beleuchten.*

**Reese:** Wir wollten immer ein markantes Gebäude im Wechselspiel mit Licht, das die Bedeutung und Vielfalt der Medien symbolisiert. Ich glaube, kein Gebäude auf der Expo lebt so stark von Licht. Damit meine ich nicht Beleuchtung, sondern Licht als eigenständige Kunst.

*Welche Rolle spielt Licht in den Innenräumen?*

**Reese:** In Zusammenarbeit mit Zumtobel Staff haben wir Licht überall als Inszenie-rungselement eingesetzt, vom Lichtboden im Restaurant bis zur Lichtwasser-Wand in der VIP-Lounge. Vor allem aber in den Publikumsbereichen.

**Karau:** Schon wenn die Besucher mit dem Space-Lift zum Planet m fahren, werden sie mit einem Lichtblitz empfangen. Vor der Main Show schwebt die Film-Leinwand auf einem wechselnden Farbrahmen wie in einem unendlichen Raum. Die Brücke und die Treppenhäuser sind im Bertelsmann-Grün inszeniert. Und in der Media Gallery sind die Priva-Lite-Scheiben vor den Ausstellungsstücken mal opak, mal transparent.

*Der Planet strahlt also nach innen wie nach außen...*

**Karau:** Unser Stichwort war das Glühen. Gegen Abend sollte die Hülle des Planeten verschwinden und die innere Fassade sichtbar werden. Der Planet sollte sich nachts permanent verändern, aber nicht blinken wie eine Kirmeskugel, sondern in kosmischem Rhythmus pulsieren. Die Betrachter sollten die großen Farbveränderungen nur allmählich bemerken; erst beim Wegschauen und beim erneuten Hinsehen sollte eine neue Farbstimmung erkennbar sein. Wir sind sehr froh, daß Bertelsmann einen großen Künstler wie James Turrell für diese Aufgabe gewinnen konnte. Er hat die Idee wunderbar weiterentwickelt, weil er den Planeten nicht für einen kurzen Effekt beleuchtet, sondern eine nachhaltige Wirkung entstehen läßt, und Nachhaltigkeit ist ja ein zentrales Thema der Expo.

**Reese:** Zur Nachhaltigkeit gehört, daß Planet m über die Expo hinaus erhalten bleibt. Was in der Architektur geschaffen wurde und was James Turrell in seiner Licht inszenierung so großartig fortgesetzt hat, ist eine Einheit. Medien sind in stetigem Wandel, aber die Vielfalt der Medien wird es immer geben. Dafür steht der Planet m und dafür wird er weiter glühen.

## MIT DEN AUGEN FÜHLEN

BEATE BELLMANN

Was würde wohl auf seiner Visitenkarte stehen: Lichtkünstler, -psychologe, -wissen-
schaftler oder -philosoph? James Turrell, 1943 in Los Angeles geboren, studierte
Psychologie, Mathematik, Kunst und Kunstgeschichte. Mit dem Wissen aus diesen
Studien ausgestattet, begann er, im ehemaligen Mendota Hotel mit Raum und Licht zu
experimentieren, indem er zunächst die Räume nach und nach gegen Lärm und Licht
isolierte, um kontrollierte Lichtsituationen schaffen zu können.

Es entstanden erste Arbeiten, Lichtprojektionen, die in unterschiedlicher Farbigkeit
realisiert wurden. Das war 1966. Inzwischen ist James Turrell vielen ein Begriff, die mit
Licht oder Kunst zu tun haben. In seinen Installationen wird Licht geradezu stofflich.
Man glaubt, danach greifen zu können. Der Raum wird zum Geheimnis, das Auge zum
Tastorgan eines Menschen, der sich zu orientieren sucht. James Turrell verändert
Räume mit Licht und Dunkelheit, sodass die gewohnten und erwarteten Raumgrenzen
nicht wahrnehmbar sind; der Mensch verliert sich im Raum und erkennt, er kann nicht
unbeteiligter, objektiver Beobachter sein.

Dass die menschliche Wahrnehmung eben nicht objektiv ist, zeigten schon die auf-
sehenerregenden Versuche des amerikanischen Physikers Edwin Land, des Erfinders
der Polaroidkamera. Basierend auf den Theorien des Arztes Thomas Young, dass alle
nur erdenklichen Farbnuancen durch die Mischung aus Grün, Blau und Rot zu erzeu-
gen seien, machte Land seine Farbmischungsversuche. Er projizierte auf seine Leinwand Gegenstände oder Schnappschüsse alltäglicher Situationen. Drei Projektoren
warfen dasselbe Bild auf die Leinwand, jeweils in einer der Youngschen Grundfarben.
Die Betrachter sahen nur ein normales Farbbild. Doch sie bemerkten auch keinen
Unterschied, als Land seine Bilder nur aus zwei Farben mischte, also etwa die grüne
Komponente wegließ. Sie sahen immer noch grünes Gras und grüne Bäume. Selbst als
Land den blauen Anteil durch ein gewöhnliches Schwarzweißbild ersetzte, behielt der
Himmel die gewohnte Farbe, obwohl die Projektion nur noch aus roten Farbtönen
unterschiedlicher Sättigung und Helligkeit bestand. Bis heute weiß niemand, wie

diese inzwischen vielfach bestätigten Befunde zu erklären sind. Aber sie zeigen doch, dass unsere Augen uns die Welt nicht so zeigen, wie sie ist, sondern dass unser Gehirn uns sagt, wie wir die Welt sehen sollen.

James Turrell, der sich mit diesen Arbeiten beschäftigt hat, setzt die darin enthaltenen Erkenntnisse in seinen Werken um. Sehr oft befinden sich seine Lichtarbeiten in Innenräumen, die von der Umwelt abgeschlossen sind und es erlauben, dass hier genau vorherbestimmte Lichtsituationen eintreten. Das Lichtniveau seiner Installationen ist immer niedrig, denn nur in relativer Dunkelheit sind unsere Augen wirklich geöffnet und fühlen den Raum. Das kann der Besucher in vielen seiner Arbeiten tatsächlich nachvollziehen; er bekommt das Gefühl, das Licht sei eine Substanz, die den Raum und auch sein Sehen füllt.

In den *Dark Spaces* beispielsweise herrscht beim Betreten des Raumes völlige Dunkelheit. Während der ersten Minuten halten die nachwirkenden Bilder, die man von draußen mitgebracht hat, noch nach. Nach etwa zehn Minuten nimmt das Auge das im Raum vorhandene Licht wahr. Die meisten Lichterscheinungen kann das Auge nicht fixieren, sie verflüchtigen sich. Lässt man jedoch den Blick schweifen, stellen sie sich wieder ein. Durch das niedrige Lichtniveau wird die Grenze zwischen dem äußeren Sehvermögen und dem inneren Sehen (dem imaginären Sehen wie im Traum) bewusst.

Fragt man James Turrell nach seiner Vorstellung von der idealen »Nachtstadt«, so antwortet er: »Eine Stadt ohne zusätzliche Beleuchtung.« Diese Einstellung basiert auf dem Empfinden für unser Territorium, das eng verknüpft ist mit dem Sehen. Können wir am Tag, bedingt durch den Sonnenschein, den Sternenhimmel nicht erkennen, so schauen wir in der Nacht einige Millionen Lichtjahre weit in den Weltraum hinein und erhalten das Bewusstsein, diesen gewaltigen Raum zu bewohnen. Wenn wir die Nacht erleuchten, können wir den Sternenhimmel nicht mehr sehen und beschränken damit unser Territorium.

Der Himmel spielt auch in James Turrells wichtigstem und langwierigstem Projekt, dem Roden Crater, eine große Rolle. Am Rande der Painted Desert in Arizona gelegen, ist der erloschene Vulkan ein idealer Ort, um dort Räume zu bauen, die sich, vergleichbar mit antiken Sternwarten, an den Gestirnen orientieren. Das Licht von Sonne, Mond und verschiedenen Sternkonstellationen soll hier in den Gängen und Räumen präsent sein und im Turrellschen Sinne die Wahrnehmung des Menschen über sich selbst hinaus in den Kosmos lenken. Seit den siebziger Jahren setzt sich James Turrell mit diesem Projekt auseinander, das im Sommer 2001 seiner vorläufigen Fertigstellung entgegensieht.

Ein Ausgangspunkt für das Roden Crater Projekt waren die *Skyspaces*, Räume, die sich zum Himmel öffnen, der sich wie eine Decke über den Raum zu legen scheint. Es entsteht ein Raum, der, obwohl ganz zum Himmel hin geöffnet, das Gefühl von Abgeschlossenheit vermittelt. Eine zusätzliche künstliche Beleuchtung ist in einem Lichtkanal verborgen. Diese *Skyspaces* haben einen Tag- und Nachtaspekt, wobei in der Dämmerung die eindrucksvollsten Veränderungen zu bemerken sind. Während dieser Zeit erscheint die Öffnung wie eine opake Fläche, die den Blick in den Himmel verwehrt. Bei Nacht ist das Lichtquantum aus den verborgenen Lichtquellen so bemessen, dass die Wahrnehmung des Sternenhimmels verdunkelt wird. Es entsteht eine Situation, die wir aus unseren Städten kennen: die nächtlichen Lichtemissionen erhellen die Atmosphäre und lassen den Sternenhimmel verblassen.

Immer neue Projekte von James Turrell führen uns in Grenzbereiche der Wahrnehmung, die uns zeigen, dass wir mit unseren kulturell vorgefassten Gewohnheiten im Umgang mit Licht und Sehen in bestimmten Situationen nicht mehr weiterkommen, es sei denn, wir beginnen zu fühlen – auch mit den Augen.

Nachdruck (leicht gekürzt) aus der Deutschen Bauzeitschrift, DBZ 10/1999

PROPOSAL 200(

ADDITION OF INSITE SCREEN

## PREFACE

An encounter with James Turrell is an unforgettable experience. Whoever sees him at work is struck by his artistic intensity, his unconditional will to achieve the best. We are pleased to have such an exceptional man collaborate with us on a Bertelsmann project that is a great experiment for both him and for us. Turrell is a world-famous artist, researcher and exact mathematician in one person. He was fascinated by the opportunity of creating a mise-en-scene for a »planet«. And this fascination is conveyed to the onlooker.

For the duration of the world exhibition, Turrell's light projections transform Planet m into a seemingly floating luminous body every night. The planet becomes a poetic art-work that symbolizes the vitality and emanation of the media in a unique way. Content and form, inside and outside merge to form a dramaturgical unity. This is exactly the impact we hoped to achieve.

We see Planet m as an architectural idea, as a declaration of love for media. What our visitors expect inside of it is an intense and informative encounter with the versatile world of media.

James Turrell has made a singular contribution to making the fascination of this world visible and accessible to the public at large. We are very grateful to him for this.

Bernd Bauer
Expo representative of the Bertelsmann executive board
September 2000

## BEING AND LIGHT

BY ANDREA JONAS-EDEL

Whoever has seen the architectural diversity of the pavilions at the world exhibition 2000 (Expo) in Hanover certainly remembers Planet m as one of the most enigmatic buildings. A number of questions are triggered by its compacted spherical shape that is faintly reminiscent of a globe and alludes to some organic form. What kind of body is it? What does it conceal on the inside and what is its function? There are no clues such as windows or floors, not even an entrance on the ground floor. The building stands on high poles, and the visitors are carried to the top in an enormous elevator. Once it has reached the top, there is no other way to enter the inside. Only a pipe-shaped bridge connects the body with a neighboring building, a massive block building, almost without windows, clad with wood and bearing the inscription »Bertelsmann«. The complementary shapes that seem to be connected by means of an umbilical cord or a peripheral nerve could be architectural metaphors of the dualism of body and mind. Whereas the geometric wooden block appears so tangible, the diffusely shining ellipsoid seems light, even weightless. The two suggest matter and spirit on which body and thought are based, each nurturing the other. And each is the precondition of the other. While the material – wood – embodies the basic substance of the paper industry and thus of the production of books and other print media on which the success of the former publishing house is based, the metal planetoid represents the global network of electronic media.

In the context of this utopian architecture, the international media company Bertelsmann AG from Gütersloh signals its new identity in the age of media with its slogan »Planet m – media for the world«. There is hardly a more fitting image of the contradictory identity of the media within different virtual realities than the ambivalent shape of Planet m. Its shape cannot be described in the terms of geometry that have informed the western tradition of architecture since Euclid (approx. 400 B.C.). While it is theoretically unfathomable, it does actually exist. Its name underlines the singularity of its existence as a new habitat that lies fallow and whose appearance oscillates between materiality and immateriality. Planet m is a material building but one that also has immaterial components. A metal mesh surface conceals it, reflecting light radially like a curved mirror, but at the same time it is transparent and offers insights into what lies behind its outer membrane. The sections of its curved bodies formally isolate themselves from the atmosphere but the texture of the surface lets through light and air. The inside of the building gradually merges with the surrounding atmosphere. It does not change, yet its appearance is alterable. Planet m is a symbol of the modern Bertelsmann AG and also a timeless construction of exceptional architectural quality. It fluctuates between two states – during the day it is a cinema and at night it is an artwork of light. At dusk the metamorphosis of the planetoid sets in with James Turrell's light.

For the developement of the light design it made sense to ask an artist who had done such extensive research on the phenomenon of light and its perception, who had such in-depth knowledge of light and worked with such ease and perfection with something that is physically immaterial – the material of light. Turrell developed a figurative, symmetrically rotating light design that is divided in two temporal phases according to a defined program, i.e., a subtle color scheme and a dynamic light performance, both of which are unpredictable in all phases. After about 30 minutes, which the viewer needs to become engrossed in the whole process, the computer-controlled show is repeated. Beginning and end merge seamlessly until the break of dawn.

Central to Turrell's architecture-related light installations is the interplay of the light added to the architecture with the existing day and night light of the sky. In 1984 he created »Wolf« as part of the »Capp Street Project« in San Francisco. Here Turrell linked a fluorescent blue light that shone with consistent brightness from inside the building through the window to the outside with the constantly changing natural light and the nocturnal street lighting that had been made green by the artist. The same light could be seen in different ways at different times. For Turrell light is the material that he uses similar to the way a draftsman, for instance, works with chalk. His medium is the perception of light. For Turrell, the equivalent to the painter's canvas is the retina of the beholder.

Since the mid-1990s James Turrell has made architecture-related light art projects a new focus of his work. In 1997, he designed the lighting at the Kunsthaus Bregenz,

Austria and at the headquarters of Verbundnetz Gas AG in Leipzig, Germany. The sequence of colored lights that illuminate the glazed surface of the Leipzig building in a permanent installation are varied by a computer in keeping with the climatic conditions and the outdoor light. »Gaslights« reacts to the environment, reflecting the goals of the company based here. The Bregenz building by Peter Zumthor, a cube covered with a uniform glass façade, was temporarily illuminated by Turrell with sequences of changing colored light. Like Planet m it was lit on all sides. Light from lamps mounted in the space between the facade and what was actually the inner building was dispersed evenly to the outside through the translucent glass panes, so that the entire surface of the cube radiated with light. To mark the opening of the museum, »Performing Light-works« underlined the scale and the uncompromising nature of this ambitious project. In Japan, Turrell was asked to design a »House of Light« that was realized in 2000 in Kawanishi. The house, a site for contemplation, offers a view of the sky through a *Sky-space* (»Outside In«). Below there is a pool with water that is illuminated green. The viewer can look into its light through a glass-like floor from the room above (»Light Bath«). The interior of the light temple is filled with the blending light that is reflected by the golden wall. In the black night sky the space is modulated by shadows.

Lit from the outside with colored light that is further reflected by the metal surface, Planet m begins to shine like silver in the light of dusk. The floodlights for this exterior lighting stand on light poles in a star-like configuration around the building. The unlimited transitions from colored light to shadows modulate the shape of the ovum, bringing out its sculptural effect. The illuminated mesh is visible as colored lines and the intervals in the mesh as black lines. Together, they create an intricate lineament that gives the building a precious aura. All shiny surfaces have the same shade of color that is mixed by adding multi-chromatic light. White, turquoise and violet colored light combines in perception to create clouds with a silvery-bluish sheen. At a later moment yellow light segments from within the body fuse with reddish and white components. They are distributed by the second metal membrane added by Turrell.

Turrell's light merges subtly with the night. The lower hemisphere of the planetoid shimmers in a delicately colored light corona that gradually emerges from the violet

subtly glowing in the darkness of night. Like the *Skyspaces* – spatial installations with framed openings to the sky, where in a reversal of the transition from daylight to night an electric light is gradually dimmed on –, the color and radiance effect increases to the same extent as the darkness until Planet m finally shines brighter than the stars.

Turrell dedicates his main work, »Roden Crater« in Arizona, to the perception of sky light. For the evolving »Gesamtkunstwerk« Turrell selected a volcano that is no longer active, a gigantic eye to the universe. Through astronomically calculated openings to the sky on the edge of the crater, the light of individual stars finds its way into the interior of the mountain where it is captured in hollow spaces that are receptacles for star light. Isolated in this way, the light of Venus, for instance, appears so bright that you can almost see your own shadow in it. If, however, one were to strike just one match in the cave, it would be invisible and later one's eyes would have to accommodate to the darkness to be able to see the star light again. A number of his installations in buildings, e.g., *Space Division Constructions,* require completely dimmed spaces in which the viewer can focus unobstructedly and exclusively on the minimized colored, star-like light that Turrell introduces, and can explore its substantial presence with which the space is embued. In the *Ganzfeld Pieces*, light-flooded spaces which can be entered upright or lying on the back, the observer subjects himself to his own perception and becomes one with the presence of light that surrounds him – free of gravitation and time.

With Planet m James Turrell for the first time selected a spherical construction as the object of his art in relation to architecture. The uniform circular surface of the construction that changes on all sides in degrees of arc provides the basis for an unobstructed, panoramic view. Turrell adds a temporal continuum to the spatial one. He constructed a similar connection of temporal and spatial continuity with his illumination of the Pont du Gard, the monumental Roman aquaeduct near Nimes in the South of France. The artist covered the century-old stone waterbridge with sequences of colored light. Thus he brought to the present its existence as timebridge and conduct of energy. The chromatic glow of the planetoid changes constantly. In a slow continuum the whole visible spectrum of color unfolds like a rainbow projected into time. All

components of the chromatic sequence of light are in a state of constant flux and gradually yield in slow transitions to other equally rich blends of color.

The metamorphosis of colors takes place so slowly that it is not immediately apparent.
It cannot be recognized that colors are changing, only that they have changed. Only
later does one become aware that the light has passed an interval on its way through
the spectrum and reached a different state, e.g., green that has become blue. At times,
Turrell uses changing lights in his indoor installations as well: in »Floater«, created
for the Zumtobel Staff light center in Zürich, the light swings between Blue and Red.
Turrell's continuum of radiating light eludes the will to define colors, to capture them
with words. While certain clearly identifiable shades of color are momentarily highligh-
ted, the light is constantly transitioning between intermediate shades. All colors have
equal status. A »fragmentation of the rainbow« (Lévi-Strauss) into individual colors
would mean the subjective or arbitrary placement of the cut. What is already green for
one person, in other words, could perhaps still be blue for another. The reality lies
somewhere in between. The beholder's sense of time and color is put into perspective
and expanded. What is presently viewed merges with recollections of something seen
in the past, with premonitions of future color and the desire to indulge in it. In analogy,
the color light continuum is experienced by the viewer in »The Inner Way«, the installation in an underground passageway of Munich Re. When walking through, the visitor
passes through zones of red, blue and yellow light. Slim frames of colored light, created by fiber optical cables, shape the passage into rooms that seem to be leading into
different spheres. Within the passageway one encounters two domed rotundas; one of
them is a *Skyspace*.

In the case of the planetoid, parallel to the continuum of radiating light, Turrell sub-
merses the metal poles supporting the construction in an ultramarine blue light.
Throughout the entire show, this light becomes a counterpoint, very slowing changing
into violet. In a dark sheen, the supporting construction appears to be delicate and
light, which reinforces the impression that the round body floats above it weightlessly
like a moored balloon. Night, extending from dusk to dawn, creates the backdrop for
Turrell's light sequence that is repeated in the rhythm of the lower blue-violet.

Suddenly, what has been for Planet m a sort of restrained radiance becomes a red glow of light that briefly illuminates the entirety of the ball. All light sources are completely dimmed before a silvery sheen of white light marks the beginning of a new phase. It is of much shorter duration than the continuum of glowing light. In contrast to the fluctuation that had been calm and slow up to this point, this sudden illumination is much shorter. An abrupt change of color, an acceleration of the speed, the dominance of light from within the planetoid and the increase of luminous density all characterize the dramatically different second phase. In rapid succession, horizontal rows of flood-lights in changing colors are switched on and off all over the body. Their light radically changes the appearance of Planet m. While the outside illumination brings out the plasticity and surface structure of the building, the inside light emphasizes its volume. The inner membrane disperses the light projected on it and reflects it to the outside through the interstices of the metal mesh. The lineament of the mesh becomes almost invisible. At this moment the vertical frame construction within the building emerges in full illumination. Had the Planet m once resembled a shiny metal capsule, it now resembles a transparent, light-filled ball, or a light-container with separate compartments in which light colors are temporarily stored. Given the large size of the projection surface that lends the light stability, one gets the impression that large masses of light are shoved back and forth, as if light were a cumbersome parcel being transported. The maneuver takes place with a strange silence; the immateriality of light reveals itself in the absence of sounds. As opposed to its previous sphere-like appearance in a halo of shining light, the luminous body is now disassembled and thus robbed of its aura.

During the whole score of light movement there are no recurring rhythms, no series of cadences and no repetitions. At different intervals the artist stages the ball with unforeseen changes of colored light from top to bottom. While the perception of the continuum of glowing light was accompanied by the deceleration of one's sense of time, the beholder is now overwhelmed by the speed of the light performance that – similar to the deluge of information in the media age – becomes ever more accelerated. The condensation of light events culminates in one unique, single flash of the entire planetoid in extremely bright white light that impressively contrasts with the redundancy of

standard lighting effects. Before it is possible to take in this sensation it is already overrun by other images. It remains in the viewer's memory and it can only be conveyed to others who have not seen it by means of the media. The transformation of reality into fact is accompanied by a loss of its presence and immediacy.

An intense orange-red light, in which the glowing planetoid seems to expand like a supernova, announces the end of the acceleration phase. The viewer perception of its dimensions is altered by the changing illumination of its outside and inside metal membranes that make the building appear smaller or larger in relation to the in-between space. Here both membrane layers seem to merge into the image of a boundless cloud form. The implosion, reduction of the planetoid to its innermost core, is presented in an enormous light pirouette. One vertical segment of the planetoid after another is filled with green light from right to left. The light seems to be coming from the center core. Planet m has a completely transparent, empty and immaterial appearance, like a ball of nothing filled with light. For a few seconds at night the daily image of a glowing metal body is traumatically reversed into one of an illuminated hollow space.

Turrell changes the perception of Planet m and all its characteristics from a completely self-contained glowing metal body to absolute transparence and immateriality. Only the visionary architects of the »Crystal Chain«, Bruno Taut and his circle, saw this as being conceivable, albeit impractical in their secret letters of 1919. Perception suspends facts

Whoever has seen Planet m in Turrell's light, will also see it differently during the day. The memory of what we have seen changes the perspective from which we view what is facing us. Turrell's light is a being of its own. It integrates Planet m into the night sky and thus in the context of the cosmic light. At the same time it pervades the viewer and forms his seeing.

James Turrell's art has a number of qualities that it also shares with the media. It illuminates background aspects, it creates an overall context, reveals inner relationships, enables the viewers to better grasp the object they are examining, and it changes the perspective and thus reality of the viewers. Turrell's light artwork at the Expo transforms Planet m into a media »Gesamtkunstwerk«, an emblem of life informed by the omnipresence of the media. The artist brings the planetoid to a different level of perception, one of individual immediacy. Individual existence, the self, determines perception, while perception determines the image of the world. The further one's own horizon is, the more diverse and differentiated our perception of the world, the truer our image of it becomes.

## LITERATURHINWEISE / *SELECTED BIBLIOGRAPHY*

Craig Adcock: James Turrell. The Art of Light and Space. Berkeley, Los Angeles, Oxford, 1990.

Andrea Jonas-Edel: »Die Körperlichkeit des Lichts offenbaren. Interview mit James Turrell« in: Das Kunst-Bulletin, Januar 1996.

James Turrell. Perceptual Cells. Kunstverein für die Rheinlande und Westfalen, Düsseldorf 1992. Ostfildern-Ruit, 1992.

James Turrell. Kunsthaus Bregenz 1997. Bregenz, 1997.

James Turrell. the other horizon. MAK Wien 1999. Ostfildern-Ruit, 1999.

James Turrell. Eclipse. London und Ostfildern-Ruit, 1999.

Die Briefe der Gläsernen Kette. Berlin,1986. Englisch: The Crystal Chain Letters. Architectural Fantasies by Bruno Taut and his Circle. Cambridge, 1985.

Richard Buckminster Fuller: Operating Manual for Spaceship Earth. 1969. Deutsch: Bedienungsanleitung für das Raumschiff Erde. Dresden, 1998.

Marshall Mc Luhan: Understanding Media. 1964. Deutsch: Die magischen Kanäle. Düsseldorf und Wien, 1968.

James Turrell, »The Inner Way«, Lichtinstallation in einer unterirdischen Passage
der Münchener Rückversicherungs-Gesellschaft, 1999
*James Turrell, »The Inner Way«, light installation in an underground passageway of Munich Re, 1999*

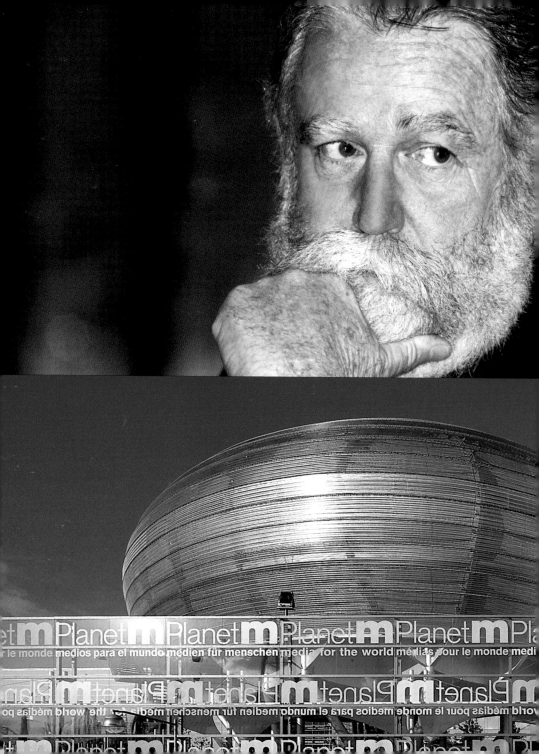

# A NIGHT LIFE FOR A PLANET

JAMES TURRELL IN CONVERSATION WITH JAN LINDERS, HANOVER, MAY 2000

*James Turrell, have you ever imagined lighting a whole planet?*

**Turrell:** This year I have already worked on other rather uncommon objects – a 389,000 year-old volcano in Arizona and a 2000 year-old bridge in the south of France. Then Bertelsmann offered me the opportunity to light their Planet m, and I was intrigued by the idea. Hanover has treated me so nicely. At the Sprengel Museum there are four of my works on permanent display, a *Space Division Construction*, a *Dark Space*, a *Cross Corner Projection* and a *Perceptual Cell*. These works give you a good overview on the fields of my work. And then I was offered the chance to light the Planet m. There was very little time to do it, but when opportunity knocks you should at least open the door.

*How would you define your opportunity in the case of Planet m?*

**Turrell:** The Planet has a very audacious architecture, and with its shining surface it is constantly changing during the day. My task was to extend the daytime reality into a nighttime reality. I like to compare my work with architecture to the symbiotic relation of plant and mistletoe. I give the architecture a second life, a night life.

*You joined the project at a stage when the architecture was almost finished...*

**Turrell:** Yes, indeed, and I have often said that architects construct their building without thinking of light from the beginning. But Planet was different; from the onset, Karl Karau and the other architects involved have imagined a radiating building, a construction with fading surfaces. They provided me with a stage I could play on, and light was my actor.

*Did you have a play-script then?*

**Turrell:** Most of my works are very exact constructions with a well-defined concept. But when I light an existing building, it is more of an empirical art project. Since you work with outdoor light, not everything is under your control, so you cannot plan ahead so much. In the case of the Planet, I wanted to create a vision of the surface that wasn't there, a »thingness« of light. I quickly found out that in order to let the surface disappear, to let light become the object, I needed a surface that would disseminate the light. So we introduced a scrim of fine wire mesh between the inner shell which is of solid steel, and the outer shell which is a weave of steel bands. This way I could light the Planet from inside and outside, but the sources are not obvious.

*What kind of lights do you use?*

**Turrell:** We have nearly 1000 lights installed; simple floodlights behind the scrim, theatre lights with changing filters between the two scrims, and similar lights on posts around the planet and under it. The planet is more complex than it looks, it only has one lateral symmetry. It has 22 bays on each level, and each bay has different light problems, but I wanted the Planet to appear as one radiating whole. And there are lights from the surroundings I had to take into account – from the Bertelsmann building itself, from the pavilions around it and from the light poles on the bridge in front of it. I like light in low levels and I like blues. However, blue only emits 2 to 4 % of the full spectrum, whereas white is 100%. But with the help of my collaborators and assistants I solved the problem. We have different blues mostly underneath the Planet m and on its top, and the whole spectrum on its body. The fun part was to play on the instrument once it was set up.

*It sounds that there is a lot of technology behind the scenes?*

**Turrell:** No, I wouldn't call it high tech. We use off the shelf floodlights and a few theatre lights, a simple theatre board and Luxmate controls. I don't stretch technology in my works, it is not about technology but about experience. I am happy to use the best things on the market, but I am also able to work with filters and tape. By the way: I am not against technology; it is something we are, because we have made it.

*This puts you in line with the Expo 2000 motto »Man, nature, technology«. How does your lighting of Planet m relate to your other works?*

**Turrell:** Planet m is close to my performance works in that I light objects. I did theatre work with Suzanne Farrell, the former prima ballerina, a dance piece called »Severe Clear« with Dana Reitz, and the opera »To Be Sung« with the composer Pascal Dusapin. But in the case of Planet m the object is not moving, the light is – and the spectator.

*Recently, you have worked more and more with architecture and light. Do you see a difference to the works you are known for, the indoor installations, where you are in full control of the circumstances?*

**Turrell:** The architecture projects are a challenge for me because they allow me to extend my art. And they happen mostly in collaboration with the architects, with Tadao Ando for the Meditation House in Japan, with Rafael Moneo for the tunnel connecting the Fine Arts Museum in Houston, or with Eike Becker for the office building in Leipzig. But I always work on the same base: light is the material I create my art with. In contrast to other materials, light has no object, no image, no focus. You cannot form light like clay or carve it away like wood. Yet I am interested in the »thingness« of light, the materiality which we normally don't think about. Light is not ephemeral; it is something. My work is on the relationship we have with light. You can feel the light with your body, and when your eyes are open, your feeling goes out of the eye like a touch.

*Most people would think the contrary: it is the light that touches us...*

**Turrell:** We construct reality and we have to, but we only get what we are looking for. No perception is objective; we see with a prejudice, and our culture has a few prejudices looking at light. We call red a warm color, but red is cool, blue is hot. Hot steel is blue-white, and when it cools off, it turns red. The two colors we can differentiate least are red and green – and of all colors, we put them in our traffic lights. We should stop teaching the color wheel. Euclidian geometry does its purpose on paper, but you can't go to the moon with it – you won't hit it.

*Back to the Planet: Does its lighting transmit a message?*

**Turrell:** Art is not so much about answers but about posing questions and the pleasure of it, the delight. In our dreams, with the eyes closed, the light is often stronger than with the eyes open. Where does this light come from? I want to seduce people into looking, into discovering what is in them. So I create situations for you to see your seeing. But you need to take time. For us it is hard to wait, so I like to do it, to make people patient. When I was a child, my grandmother took me to the Quaker meetings on Sundays. Once I asked her what I should do, and she replied: »See the inner light!«

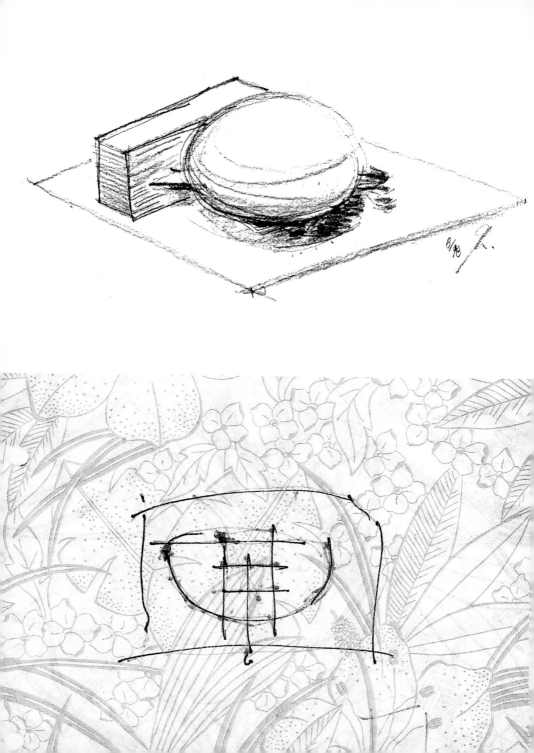

## IN THE LIGHT OF THE MEDIA

KLAUS REESE, CONSTRUCTION PROJECT DIRECTOR, AND KARL KARAU, ARCHITECT, IN CONVERSATION WITH JAN LINDERS, POTSDAM, AUGUST 2000

*How did Bertelsmann land as a glowing planet at the world exhibition (Expo)?*

**Reese:** We are a media corporation, so we have always defined the presentation of content as the main purpose of our intervention. And since this presentation should be a multi-media one, only a closed building without windows could be considered from the outset. The content, however, was supposed to be reflected on the surface and we wanted the architecture to be a »landmark« with a magnetic effect.

**Karau:** We always saw the building as a surface for the play of light – for alternating daylight and for a nocturnal mise-en-scene of light. We already tried to dissolve the form with the shape of the planet. The planet does not have a definable surface, and only appears in changing transparencies. It is »speaking architecture« – not a clear sign, but rather a mysterious symbol.

*Planet m plays with immateriality. The viewer cannot really recognize the construction. How was the building actually constructed?*

**Karau:** The planet has a solid steel core surrounded by a steel-rib construction. This has nothing to do with the classical steel concrete construction. So, for example, no standard units are used in the steel structure – only special constructions assembled from steel sheets and bands. Since the frame of the planet is not inside but rather outside of the main body, one could also describe it as a reversed ship construction. We have used over 1,000 metric tons for the steel construction, yet the manholes in the frame relieve the construction of its weight without denying its techno look. The entire construction is wrapped in a transparent steel mesh that has a silvery shimmer during the day and disappears at night, allowing the inner façade to become visible.

*Is it possible to describe Planet m in geometric terms?*

**Karau:** No, not really. We deliberately did not choose a perfect rotation body to avoid the association with a space ship. Thus the planet is neither a sphere nor an ellipsoid. The idea of our architecture is the non-tangible, just as the media are not tangible.

Karau Karau, Skizzen / *sketches*, 1998

**Reese:** In contrast there is the Bertelsmann building right next to it, a wooden-clad rectangular block constructed in strictly geometric terms. The shows in the planet, the pre-show on the history of the media and the main show »Catching the Stars« present media in general. In the building the theme is exemplified with Bertelsmann – in the Media Gallery, the Galaxy and the Web World.

**Karau:** Both building parts are connected by a covered bridge. Thus the block could be interpreted as a sort of docking station that grounds the planet. At the same time, in the Expo master plan the Bertelsmann building marks the final point of a series of blocks in which the planet stands out and crowns the exposed location at the head end.

**Reese:** Bertelsmann sought precisely this accentuation when it decided to appear at the Expo not in the theme park but with its own pavilion. The planet is located directly on the Expo-plaza and at the transition between the two parts of the Expo. I think that the architecture does justice to this important place.

*For some years James Turrell has been developing mise-en-scenes for buildings, both old historical and new ones. It has been his experience that many architects believe that the lighting of a building didn't have to be included in its planning phase.*

**Reese:** We always wanted a striking building set in interplay with light that symbolizes the importance and the diversity of the media. I don't think there is any other building at the Expo that thrives so much from light. By this, I don't mean the lighting, but rather light as an autonomous art.

*What role does light play in the inner spaces?*

**Reese:** In collaboration with Zumtobel Staff we used light everywhere as a part of a mise-en-scene, from the light floor in the restaurant to the light-water-wall in the VIP-lounge. But mostly in the public areas.

**Karau:** Already when the visitors go up to Planet m in the Space Lift, they are greeted with a flash of light. In the main show the film screen is suspended on a frame with alternating colors, in a room with the impression of a never-ending space. The bridge and the staircases are staged in green light, the corporate color of Bertelsmann. And in the Media Gallery the Priva-Lite panes in front of the exhibits are sometimes opaque, sometimes transparent.

*That is to say, the planet radiates to the inside and to the outside.*

**Karau:** Indeed, our keyword was radiation. By the evening the shell of the planet was to disappear, allowing the »inner façade« to become visible. The planet was supposed to constantly change all night – not to glisten like a fairground attraction, but to pulsate in a cosmic rhythm. The viewer was supposed to only gradually notice the changes in color. Only when he looked away or looked at the planet a second time were these changes to be noticeable. We are very happy that Bertelsmann was able to win over such a great artist like James Turrell for this task. He did a fantastic job of further developing the idea, since he did not just illuminate the planet to achieve a short effect but rather allowed a sustained effect to emerge and sustainability is, by the way, a central issue at this Expo.

**Reese:** Part of the idea of sustainability is that Planet m is supposed to continue to exist even after the Expo. The architecture created and James Turrell's art and light installation constitute a unity. While the media are in a permanent state of flux, there will always be a diversity of media. Planet m is a symbol of this and as such it will continue to glow.

## FEELING WITH ONE'S EYES

BY BEATE BELLMANN

What profession would be named on his business card? Artist, psychologist, scientist or philosopher of light? James Turrell, born 1943 in Los Angeles, studied psychology, mathematics, art and art history. Equipped with the knowledge he acquired from these studies, he began experimenting with space and light. At the former Mendota Hotel in Ocean Park, his first studio, he isolated its various rooms from sound and light to create controlled light situations.

The first works he created were light projections in various color schemes. That was in the year 1966. Since that time, James Turrell has become well known by many people who work in the fields of light or visual art. In his installations light actually becomes material. One believes to be able to grasp it. The space becomes mysterious; the eye becomes the tactile organ of a person who is trying to get his or her bearings. James Turrell transforms spaces with light and darkness so that familiar, expected spatial boundaries are no longer perceptible. People lose their way in the space and realize that they cannot be detached, objective observers.

The fact that human perception is not objective was already illustrated by the sensational experiments carried out by the American physicist Edwin Land (the inventor of the Polaroid camera). Based on the theories developed by doctor Thomas Young, who demonstrated that all conceivable color nuances can be created from a mix of green, blue and red, Land experimented with mixing colors. He projected objects or snapshots of everyday situations onto a screen. Three projectors projected the same image, each in one of Young's primary colors. The viewers now saw a normal colored image. However, they did not note any difference when Land mixed his images from just two colors. When he left out the green component, for example, they still saw green grass and green trees. Even when Land substituted the blue section with an ordinary black-and-white image, the sky retained its familiar color, although the projection now only consisted of red color nuances of varying degrees of saturation and brightness. To this very day, no one knows how these findings, meanwhile widely confirmed, can be explained. What they demonstrate is that our eyes do not show us the world the way it is, but rather that our brain tells us how we should see the world.

James Turrell studied these experiments and translated the insights they contain in his work. Very often his light installations require indoor spaces that are shut off from the surrounding world and allow for precisely defined light situations. The level of lighting in his installations is always low. Turrell explains that only in relative darkness can our eyes really open and feel the space. Visitors can actually experience this directly in most of his works. They get the impression that light is a substance that permeates the space as well as their vision.

In the *Dark Spaces*, for instance, there seems to be absolute darkness when one enters. During the first few minutes the images brought in from the outside have an after-effect. After about ten minutes the eye perceives the low light existing in the space. The eye cannot fixate on the light phenomena, since they dissipate. When one lets one's gaze roam they reappear. Due to the low level of lighting, the boundary between external visual potential and inner vision (the imaginary vision as in dreams) becomes conscious.

When asked about his vision of the ideal »night city«, James Turrell answered: »A city without additional lighting«. This attitude is based on a perception of our territory that is closely related to vision. While we cannot see the stars in the sky during the day because of the sunshine, at night we look into deep space that is several millions of light years away and realize that we are inhabiting an enormous space. When we illuminate the night, we can no longer see the starry sky and limit our territory. In James Turrell's most significant, most complex project, »Roden Crater«, the sky also plays an important role. Located on the edge of the Painted Desert in Arizona, the former volcano offers an ideal setting for constructing spaces that, similar to the ancient observatories, are oriented towards the firmament. The light of the sun, moon and various star constellations will be present here in the subterranean corridors and spaces. In Turrell's sense, they are supposed to direct human perception beyond itself into the cosmos. Since the Seventies, James Turrell has been working on this project, which is scheduled to reach completion in the summer of 2001. A point of departure for the »Roden Crater« project were the *Skyspaces* – spaces that open up to the sky which seems to lie above the room like a blanket. A space emerges that, albeit completely open in the direction of the sky, conveys a sense of isolation. An additional artificial light is concealed in a light channel. These *Skyspaces* have a day and a night aspect. The most striking changes can be noticed at dusk. At this time the opening resembles an opaque surface obstructing the gaze to the sky. At night, the light quantum from the hidden light sources is calculated in a way that the perception of the starry firmament is obscured. The result is a situation that we are familiar with from our towns and cities: the nocturnal light emissions illuminate the atmosphere, while the firmament fades away.

In his projects, James Turrell keeps leading us into the fringes of perception. He shows us that with our culturally informed conventions of dealing with light and seeing we cannot make any headway in certain situations, unless we begin to feel – even with our eyes.

First published in Deutsche Bauzeitschrift, DBZ 10/1999 (slightly abridged)

## JAMES TURRELL – KURZE WERKBIOGRAFIE

**1943** geboren in Los Angeles. **1961–1965** Studium der Psychologie, Mathematik und Kunstgeschichte am Pomona College, Claremont, Kalifornien. **1965–1973** Kunststudium an der University of California in Irvine und der Claremont Graduate School. **1966** mietet Turrell als Atelier- und Ausstellungsort das ehemalige Mendota Hotel in Ocean Park, einem Stadtteil von Los Angeles. Dort realisiert er erste Licht-Kunstwerke und konzipiert die Grundlagen fast aller seiner späteren Werkgruppen.

In den *Cross Corner Projections* erscheinen in Raumecken projizierte geometrische Formen als Körper; die *Single Wall Projections* lösen die Materialität der Wandfläche auf. In den *Shallow Space Constructions* fließt Licht um eine Trennwand und lässt sie schweben (z.B. »Floater«, S.60). In den Rauminstallationen der *Wedgework Series* fällt gefärbtes, als Lichtquelle nicht sichtbares Neonlicht in einen keilförmig unterteilten Raum. In den *Space Division Constructions* blickt der Betrachter durch eine Wand mit rechteckiger Öffnung in einen weiß ausgemalten, farbig erleuchteten Wahrnehmungs-raum. In den *Ganzfeld Pieces* ist der Betrachtungsraum zugleich begehbarer Wahrneh-mungsraum – der Betrachter kann den erleuchteten Raum betreten (z.B. »Flanker«, S. 30). In den *Dark Spaces* arbeitet Turrell mit den Grenzen der menschlichen Wahr-nehmung; eine minimale Beleuchtung wird erst nach mehreren Minuten erkennbar. Die *Skyspaces* öffnen einen Raum in einem scharf begrenzten Ausschnitt zum Himmel (z.B. »Outside In«, S. 64).

1974 entdeckt Turrell den Roden Crater in der Wüste von Arizona, erwirbt ihn 1977 und zieht 1979 auf eine Ranch unweit des Kraters. In diesem geologischen Monument faßt der Künstler sein bisheriges Werk zusammen und transformiert es in die Dimension von Land Art.

Ab 1984 realisiert Turrell temporäre und permanente Projekte mit Licht und Architektur, u. a. »Gaslight«, Leipzig (S. 48); »Performing Lightworks« zur Eröffnung des Kunsthau-ses Bregenz 1997 (S. 47); »The Inner Way«, München (S. 51); »Backside of the Moon«, Naoshima, Japan; Planet m, Expo, Hannover; »House of Light«, Kawanishi, Japan (S. 64); Pont du Gard, Südfrankreich (S. 20/21).

Weitere Informationen: www.jamesturrell.com / www.rodencrater.org

## JAMES TURRELL – LIFE AND WORKS IN BRIEF

Born **1943** in Los Angeles. Studied psychology, mathematics and art history at Pomona College, Claremont, California from **1961** to **1965**. Studied fine arts at the University of California in Irvine and at the Claremont Graduate School from **1965** to **1973**. In **1966** Turrell rented the former Mendota Hotel in Ocean Park, a section of Los Angeles. It was there that he created his first works with light and developed the concept for almost all of his later work.

In the *Cross Corner Projections* projected geometric forms appear as three-dimensional bodies. The *Single Wall Projections* dissolve the materiality of the wall surface. In the *Shallow Space Constructions* light flows around a partition that appears to be floating (e.g., »Floater«, p. 60). In the spatial installations of the *Wedgework Series,* colored neon light that is not visible as a light source falls in a wedge-shaped section of a space. In the *Space Division Constructions* the viewers gaze through a wall with a square opening into a perceptual space that has been painted white and illuminated in a color. In the *Ganzfeld Pieces* the viewers become part of the perceptual space since they can enter the illuminated space (e.g., »Flanker«, p. 30). In the *Dark Spaces* Turrell works with the boundaries of human perception; a minimal illumination only becomes noticeable after several minutes. The *Skyspaces* open up a space to the sky with a sharply delineated frame (e.g., »Outside In«, p. 64).

In 1974 Turrell discovered the Roden Crater in the desert of Arizona. In 1977 he purchased it and in 1979 he moved to a ranch located near the crater. There the artist has been transforming his work groups to the scale of this geological monument.

From 1984 Turrell worked on temporary and permanent projects using light and architecture, e.g., »Gaslight«, Leipzig (p. 48); »Performing Lightworks« on the occasion of the opening of the Kunsthaus Bregenz 1997 (p. 47); »The Inner Way«, Munich (p. 51); Pavilion for »Backside of the Moon,« Naoshima, Japan; Planet m, Expo, Hanover; »House of Light«, Kawanishi, Japan (p. 64); Pont du Gard, Southern France (p. 20/21). For further information see: www.jamesturrell.com / www.rodencrater.org

## IMPRESSUM / *COLOPHON*

Herausgeber / *Editor*
Wolfgang Häusler
Häusler Kulturmanagement, München

Redaktion / *Associate Editor*
Jan Linders

Übersetzung / *Translation*
Camilla Nielsen

Gestaltung / *Graphic design*
Monika Winckler

Reproduktionen / *Reproductions*
Repromayer, Reutlingen

Gesamtherstellung / *Printed by*
Dr. Cantz'sche Druckerei, Ostfildern-Ruit

Fotos / *Photo credits*
S. Anzai S. 64
Richard Bryant, Zumtobel Staff S. 60
Florian Holzherr S. 20, 21, 30, 51
Michael Lange S. 8, 42, 43
Linus Lintner, Triad Berlin S. 6 u., 12/13, 52 u.
Dirk Reinartz S. 4, 67, 68/69
James Turrell S. 17
Henning Schaffner, Bertelsmann AG S. 22, 36 u., 38 u., 52 o.
S.F.&H., Kunsthaus Bregenz S. 47
Jens Willebrand Cover, S. 6 o., 36 o., 38 o., 48
Olaf Wyludda, Triad Berlin S. 26 u.

Zeichnungen, Skizzen, Pläne / *Drawings, sketches, plans*
Karl Karau, Triad Architekten S. 26 o., 56, 71
James Turrell S. 1/2, 34/35

Erschienen im / *Published by*
Hatje Cantz Verlag
Senefelderstraße 12
73760 Ostfildern-Ruit
Deutschland
Tel.: +49-(0)711-44 05-0
Fax: +49-(0)711-44 05-220
Internet: www.hatjecantz.de

Distribution in the U.S.
D.A.P., Distributed Art Publishers, Inc.
155 Avenue of the Americas, 2nd floor
New York, N.Y. 10013-1507
USA
Tel.: +1-212-6271999
Fax: +1-212-6279484

ISBN 3-7757-9052-7

Printed in Germany

Mit freundlicher Unterstützung von / *Supported by:*

 **ZUMTOBEL STAFF**
DAS LICHT ®

www.bertelsmann.de          www.zumtobelstaff.com
www.bertelsmann.com

## PLANET m – MEDIEN FÜR MENSCHEN / *MEDIA FOR THE WORLD*

Bauherr / *Client*
Bertelsmann AG
Bernd Bauer (Expo-Beauftragter des Vorstandes /
*Expo representative of the executive board)*
Klaus Reese (Projektleiter Bau /
*construction project director)*

Verfasser des Entwurfs / *Creators of the design*
Karl Karau von / *of* Triad Architekten
mit / *with* Axel Büther sowie mit / *and with* Becker,
Gewers Kühn & Kühn Architekten

Konzept, Creative Direction, Realisation /
*Concept, Creative Direction, Realization*
Triad Berlin Projektgesellschaft mbH

Lichtinszenierung / *Lighting Design*
James Turrell

Design webworld / Planet Club
Eric Sayah, sps project GmbH, Leonberg
mit / *with* Uwe Münzing, Stuttgart

Tragwerksplaner / *Structural engineers*
Arup GmbH, Berlin

Haustechnik / *Installations*
Reuter und Rührgartner, Rosbach v. d. H.

Fassadenplanung / *engineers exterior surface*
IPL (Ingenieurplanung Leichtbau) GmbH, Radolfzell

Lichtplanung / *Light planning*
Torsten Braun, Die Lichtplaner, Limburg

Lichtgestaltung / *Additional Lighting Design*
Wilfried Kresiment, Hamburg

Lichtsteuerung / *Light Controls*
Luxmate GmbH, Frankfurt

Assistenten von James Turrell /
*Assistants to James Turrell*
Michael Bond, Matthew Schreiber

Generalunternehmer /
*General contractor construction*
Walter Bau-AG, ZN Hannover

Stahlbau / *Constructional steel work*
Krupp Stahlbau Hannover GmbH

Space Lift
Updown Ingenieurteam für Fördertechnik GmbH,
Hamburg (Ingenieurbüro / *engineers)*
Rud.Prey GmbH, Kiel (Entwicklung, Konstruktion /
*development, implementation)*

Partner-Unternehmer / *Corporate Partners*
Walter Bau AG
Zumtobel Staff GmbH
MediaWays GmbH
Sun Microsystems GmbH
Hasseröder Brauerei GmbH

Eröffnung / *Opening* 1. Juni 2000

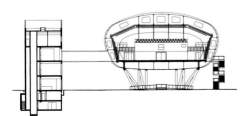 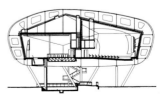

# R E I H E   C A N T Z